Inhalt

Supply Chain Event Management - Störungen der Lieferkette bald im Griff

Kernthesen

Beitrag

Fallbeispiele

Weiterführende Literatur

Impressum

Supply Chain Event Management - Störungen der Lieferkette bald im Griff

I.Zeilhofer-Ficker

Kernthesen

- Störungen der Lieferkette sind oft nur mit großem zeitlichen und finanziellem Aufwand in den Griff zu bekommen.
- Ziel des Supply Chain Event Managements (SCEM) ist es, Störungssituationen proaktiv zu erkennen und mögliche Lösungswege aufzuzeigen.
- Basis für ein funktionierendes SCEM-System ist die exakte Abbildung der Lieferkette im IT-System in Echtzeit.

- Die unternehmensübergreifende, datentechnische Integration von Informationen aus globalen Wertschöpfungsnetzwerken ist die große Herausforderung für die künftige Verbreitung von SCEM.

Beitrag

Unerwartete Störungen der Lieferkette sind meist nur mit großem finanziellem und personellem Aufwand zu beseitigen. Supply Chain Event Management könnte künftig automatisch vor potentiellen Problemen warnen.

Störungen der Lieferkette

Durch die fortschreitende Globalisierung, durch Outsourcing und die wachsende Variantenvielfalt von Produkten sind die Wertschöpfungsketten bzw. Wertschöpfungsnetzwerke in vielen Unternehmen komplex und unübersichtlich geworden. Auch das Umfeld hat sich in den letzten Jahren verändert, ist wesentlich dynamischer geworden, die Service- und Qualitätserwartungen sind gestiegen, ein hoher Flexibilitätsgrad wird vorausgesetzt. Den Überblick zu bewahren und Störungen oder Probleme vorhersehen zu können, ist durch diese Komplexität der Supply Chain und die Dynamik des Umfelds äußerst schwierig geworden. (1), (2), (3)

Unerwartete Ereignisse wie Ausfälle einer Materiallieferung oder ein drohender Band-Stillstand bei einem wichtigen Kunden sind zwar nicht die Tagesordnung, aber immerhin fünf Prozent aller Abläufe sind unregelmäßig. Diese Störfälle verursachen im Durchschnitt einen Mehraufwand von etwa 80 Prozent gegenüber Standardprozessen. Dazu kommen häufig Mehrkosten durch höhere Einkaufspreise und eventuell notwendige Expresslieferungen.

Dabei wären viele potenzielle Störungen eigentlich bereits im Vorfeld erkennbar, wenn alle Informationsflüsse in Echtzeit parallel zu den Warenflüssen stattfänden und stetig mit den Auswirkungen auf Produktionspläne und Kundenaufträge abgeglichen würden. Diese Transparenz fehlt allerdings noch in den meisten Unternehmen. Unternehmensinterne ERP-, Planungs- und Warehouse-Managementsysteme sind eher selten so verknüpft, dass alle Daten in allen Systemen synchron und in Echtzeit verfügbar sind. Noch seltener ist die Verbindung von unternehmensübergreifenden Systemen und der direkte Link zum Lieferanten- und/oder Kundensystem ist die große Ausnahme. (1), (3)

Mit Supply Chain Event Management Störungen proaktiv angehen

Supply Chain Event Management Systeme (SCEM-Systeme) können hier für eine wesentliche Verbesserung der Transparenz sorgen. Entstanden ist der SCEM-Gedanke aus den Tracking & Tracing Systemen der Logistikdienstleister, in denen der Status von Sendungen kontinuierlich überwacht und Statusänderungen generell gemeldet werden. Diese generellen Statusmeldungen bedingen aber eine Informationsflut, die kaum beherrscht werden kann. (1)

Das SCEM dagegen umfasst fünf Kernfunktionen, die den Blick auf potentielle Störungen oder Probleme lenken sollen. Die erste Funktion ist die Überwachung aller relevanten Lieferkettenprozesse, ähnlich dem Tracking & Tracing. Zusätzlich werden aber die gewonnenen Daten mit Planwerten und Toleranzen abgeglichen, um mögliche Störungen herauszufiltern. Wird ein Problem identifiziert, so wird die zuständige

Stelle in Echtzeit von der ermittelten Abweichung informiert, das Ereignis wird gemeldet. Somit kann sofort auf die Störung reagiert und Hilfsmaßnahmen in die Wege geleitet werden. Das Risiko von Störsituationen mit großer Auswirkung auf eigene Prozesse oder gar Kundenlieferungen wird damit vermindert. (1), (2)

Werden Störungen früh genug entdeckt, besteht die Möglichkeit, automatisch Lösungen in die Wege zu leiten. Dies geschieht durch Simulationskomponenten des SCEM-Systems, die alternative Lösungsvorschläge ermitteln und bewerten. Die ermittelte Erfolg versprechendste Variante wird in der Funktion Steuerung ausgewählt und in die Wege geleitet. Im letzten Schritt des Messens der Leistung der Lieferkette (Supply Chain Performance Measurement) wird kontinuierlich bewertet, inwieweit die Lieferkette in der Lage ist, den Soll-Zustand zu erreichen. (1)

Durch die Bewertung der Supply Chain Performance, der Störungsursachen sowie der ausgewählten Lösungswege kann SCEM zu Prozess- und Qualitätsverbesserungen beitragen. Wird zum Beispiel festgestellt, dass ein spezieller Lieferant durch Nichteinhalten von Lieferterminen oder der Lieferung von qualitativ schlechten Teilen regelmäßig Störungen verursacht, kann nach alternativen

Lieferanten gesucht werden. Verursacht eine bestimmte Maschine immer wieder Probleme, so kann eine Reparatur oder ein Austausch erwägt werden. Diese Zusammenhänge bleiben ohne SCEM oft unentdeckt. (1), (3), (4)

Stand der Technik

Voraussetzung für ein funktionierendes SCEM-System ist der mögliche Zugriff in Echtzeit auf alle relevanten Daten der Supply Chain. Durch Internetportale, System-Plattformen, standardisierte Schnittstellen und Standards des Datenaustausches wird diese Informationsgewinnung ermöglicht. (5), (6)

Softwareagententechnik und Mobilfunktechnologie stellen in hoch entwickelten SCEM-Systemen das technische Gerüst. Die Softwareagenten können über verschiedene Stellen im Lieferkettennetzwerk verteilt die notwendigen Daten sammeln und auf Auswirkungen untersuchen. Über die Mobilfunktechnologie können sofortige Meldungen an die zuständigen Stellen per Email oder SMS verschickt werden. Die zentrale SCEM-Agentenplattform übernimmt die Integration mit den ERP-Systemen sowie die weitere Auswertung. (3), (4)

Fallbeispiele

Die Hamburger metaship AG bietet mit ihrer Lösung Supply-Chain-Net ein modulares SCEM-System, das sowohl in großen als auch in klein- und mittelständischen Unternehmen eingesetzt werden kann. Die auf Textilbetriebe spezialisierte Lösung besteht aus verschiedenen Modulen und kann deshalb phasenweise implementiert werden, die Komplexität so in überschaubarem Rahmen gehalten werden. (9)

Auf die Anforderungen der Automobilindustrie zugeschnitten sind die Supply Chain Event Management Module der Business Integration Platform (B. I. P.) der Intadex SCI GmbH, Starnberg. Zum Leistungsumfang gehören automatische Aktionen, wenn beispielsweise erwartete Lieferungen nicht eintreffen. Die gesamte Kommunikation kann elektronisch ablaufen. Rund 30 000 Geschäftspartner sind bereits an die Plattform angebunden. (10)

Die von Oracle übernommene Firma G-LOG bietet ein SCEM für Transportaufträge. Oracle will dieses GC3 genannte System demnächst mit den eigenen

Betriebswirtschafts- und Lagerverwaltungssystemen verbinden. (11)

Weiterführende Literatur

(1) Heusler, Klaus Felix / Stölzle, Wolfgang / Bachmann, Harald, Supply Chain Event Management Grundlagen, Funktionen und potenzielle Akteure, WiSt Wirtschaftswissenschaftliches Studium, Heft 1/2006, S. 19 24
aus Industrieanzeiger, Heft 0X1, 2005, S. 27

(2) Management von Produktion und Logistik bei Umweltdynamik
aus Industrie Management, Nr. 5, 2005, 45-48

(3) Mobile SCEM Agentenbasiertes Event-Management in globalen Logistiknetzwerken
aus Industrie Management, Nr. 5, 2005, 21-24

(4) Gemeinsam stärker sein
aus LOGISTIK HEUTE, Heft 7-8/2005, S. 56-57

(5) Kraft, Volker, Weg zur Einheit, DVZ Deutsche Verkehrszeitung, Nr. BLO, 19.10.2005
aus LOGISTIK HEUTE, Heft 7-8/2005, S. 56-57

(6) Mit IT an der Kostenschraube gedreht - Studie unter forschenden Arzneimittelunternehmen: IT-Fokus liegt auf SCM und RFID
aus Process PharmaTEC Nr. 03 vom 29.09.2005 Seite

(7) O. V., RFID weckt große Erwartungen, DVZ Deutsche Verkehrszeitung, Nr. 066, 04.06.2005
aus Process PharmaTEC Nr. 03 vom 29.09.2005 Seite 040

(8) Zwischen Flexibilität und Rentabilität
aus Logistik inside, Heft 07/2005, S. 62

(9) O. V., Transparente Textiltransporte, DVZ Deutsche Verkehrszeitung, Nr. 071, 16.06.2005
aus Logistik inside, Heft 07/2005, S. 62

(10) O. V., Warnen in der Logistikkette, DVZ Deutsche Verkehrszeitung, Nr. 087, 23.07.2005
aus Logistik inside, Heft 07/2005, S. 62

(11) Oracle übernimmt Spezialisten G-Log
aus Lebensmittel Zeitung 38 vom 23.09.2005 Seite 026

Impressum

Supply Chain Event Management - Störungen der Lieferkette bald im Griff

Bibliografische Information der deutschen Nationalbibliothek

Die Deutsche Nationalbibliothek verzeichnet diese Publikation in der deutschen Nationalbibliografie; detaillierte bibliografische Daten sind im Internet über http://dnb.d-nb.de abrufbar.

ISBN: 978-3-7379-1055-2

© 2015 GBI-Genios Deutsche Wirtschaftsdatenbank GmbH, Freischützstraße 96, 81927 München, www.genios.de

Alle Rechte vorbehalten. Dieses Werk ist einschließlich aller seiner Teile – z.B. Texte, Tabellen und Grafiken - urheberrechtlich geschützt. Jede Verwertung außerhalb der Grenzen des Urheberrechtsgesetzes bedarf der vorherigen Zustimmung des Verlags. Dies gilt insbesondere auch für auszugsweise Nachdrucke, fotomechanische

Vervielfältigungen (Fotokopie/Mikroskopie), Übersetzungen, Auswertungen durch Datenbanken oder ähnliche Einrichtungen und die Einspeicherung und Verarbeitung in elektronischen Systemen.